LINGUAGEM CORPORAL

Como entender relacionamentos, autoestima, e comunicação não verbal

(As melhores dicas para melhorar sua linguagem corporal)

Lima **Dias**

Traduzido por Jason Thawne

Lima Dias

Linguagem Corporal: Como entender relacionamentos, autoestima, e comunicação não verbal (As melhores dicas para melhorar sua linguagem corporal)

ISBN 978-1-989891-56-8

Termos e Condições

De modo nenhum é permitido reproduzir, duplicar ou até mesmo transmitir qualquer parte deste documento em meios eletrônicos ou impressos. A gravação desta publicação é estritamente proibida e qualquer armazenamento deste documento não é permitido, a menos que haja permissão por escrito do editor. Todos os direitos são reservados.

As informações fornecidas neste documento são declaradas verdadeiras e consistentes, na medida em que qualquer responsabilidade, em termos de desatenção ou de outra forma, por qualquer uso ou abuso de quaisquer políticas, processos ou instruções contidas, é de responsabilidade exclusiva e pessoal do leitor destinatário. Sob nenhuma circunstância qualquer, responsabilidade legal ou culpa será imposta ao editor por qualquer reparação, dano ou perda monetária devida às informações aqui contidas, direta ou indiretamente. Os respectivos autores são proprietários de todos os direitos autorais não detidos pelo editor.

Aviso Legal:

Este livro é protegido por direitos autorais. Ele é designado exclusivamente para uso pessoal. Você não pode alterar, distribuir, vender, usar, citar ou parafrasear qualquer parte ou o conteúdo deste ebook sem o consentimento do autor ou proprietário dos direitos autorais. Ações legais poderão ser tomadas caso isso seja violado.

Termos de Responsabilidade:

Observe também que as informações contidas neste documento são apenas para fins educacionais e de entretenimento. Todo esforço foi feito para fornecer informações completas precisas, atualizadas e confiáveis. Nenhuma garantia de qualquer tipo é expressa ou mesmo implícita. Os leitores reconhecem que o autor não está envolvido na prestação de aconselhamento jurídico, financeiro, médico ou profissional.

Ao ler este documento, o leitor concorda que sob nenhuma circunstância somos responsáveis por quaisquer perdas, diretas ou indiretas, que venham a ocorrer como resultado do uso de informações contidas neste documento, incluindo, mas não limitado a, erros, omissões, ou imprecisões.

Índice

Parte 1 1

Introdução 2

Capítulo 1 – Os Princípios Básicos De Leitura Corporal 4

Capítulo 2– Tipos De Movimento Corporal 8

Capítulo 3 – Emoções Comuns E Sua Linguagem Corporal Correspondente 16

Capítulo 4 – Considerando O Contexto Por Trás Do Movimento 26

Capítulo 5 – Como Ler Pessoas Através Da Linguagem Corporal 29

Capítulo 6 – Usando A Linguagem Corporal Em Seu Benefício 38

Conclusão 41

Parte 2 43

Introdução 44

Capítulo 1: A Verdade Sobre A Linguagem Corporal 46

Capítulo 2: Linguagem Corporal Aberta E Fechada 51

Capítulo 3: Interpretando Movimentos Da Cabeça E Posições 54

Capítulo 4: Interpretando Os Movimentos E Posições Dos Olhos 62

Capítulo 5: Interpretando Expressões Faciais 68

Capítulo 6: Interpretando Os Braços E As Mãos 73

Capítulo 7: Interpretando A Postura 81

Capítulo 8: Interpretando As Pernas E Pés 84

Capítulo 9: Lendo Emoções 86

Capítulo 10: Usando A Linguagem Corporal Como Uma Vantagem No Mundo Real 94

DICAS GERAIS SOBRE LINGUAGEM CORPORAL 94
PROXIMIDADE 95
CONFIANÇA 98
DICAS 99
AUMENTANDO O CARISMA 101
MELHORE O DISCURSO 107

Capítulo 11: Evitando Os Erros Da Linguagem Corporal .. 109

Conclusão 115

Parte 1

Introdução

Eu quero te agradecer e te parabenizar por baixar este livro.

Este livro contém passos e estratégias comprovados em como usar a linguagem corporal em seu benefício.

Ele contém informações sobre os tipos comuns de linguagem corporal e como eles estão relacionados com as suas emoções e estado mental. As informações neste livro te ajudarão a entender a psicologia que está contida em tais movimentos. Elas te darão discernimento em relação a como as pessoas fazem expressões, gestos, e outros movimentos corporais.

Até o final deste livro, você estará apto a ler as expressões, gestos, e movimentos corporais das pessoas em sua volta. Você estará mais preparado para diferenciar pessoas confiantes de pessoas que não têm confiança. Você também estará mais preparado para diferenciar emoções variadas nas pessoas, mesmo que elas tentem escondê-las. Você também terá as informações necessárias para notar quando as pessoas estão mentindo. Por último, você estará apto para usar a informação deste livro para melhorar as suas próprias habilidades de interação com as pessoas.

Aprenda a fazer tudo isso e mais começando pelo primeiro capítulo.

Obrigado novamente por baixar este livro. Espero que você goste!

Capítulo 1 – Os princípios básicos de leitura corporal

Quando as pessoas estudam línguas na escola, elas se focam apenas em palavras, vocabulário, gramática, literatura, e semelhantes. A maioria dos sistemas acadêmicos falham em falar sobre a importância da parte não-verbal da linguagem. Coletivamente, são chamados de sinais não-verbais. Entretanto, são mais popularmente conhecidos como linguagem corporal.

A maioria das pessoas pensam que estes sinais não-verbais estão ali simplesmente para complementar o aspecto verbal da linguagem. Profissionais discordam disso. Eles sugerem que a linguagem corporal tem um propósito mais importante. Tais movimentos e expressões refletem o que uma pessoa está realmente pensando.

Quando você está falando pessoalmente com outras pessoas, sua linguagem corporal sempre acompanha suas interações. Ela não está apenas presente quando você está falando mas também quando está reagindo ou até pensando. Contudo, na maioria do tempo, as pessoas não estão conscientes que elas estão gesticulando, fazendo expressões, e outras formas de linguagem corporal. Isso é porque a maioria dos tipos de linguagem corporal não acontecem conscientemente. Como piscar ou respirar, a linguagem corporal acontece espontaneamente ao que o corpo requer. É como um reflexo. Muito poucas pessoas conseguem controlar.

Origens da linguagem corporal funcional

Os profissionais em comunicação na modernidade sugerem que a linguagem corporal que as pessoas usam hoje em dia evoluiu com o tempo. Tudo começou antes dos humanos desenvolverem linguagem estrutural. Em um tempo onde os humanos não tinham palavras para se comunicar uns com os outros, eles utilizavam gestos para se comunicar com seus semelhantes. Eles também usavam outras partes do corpo para transmitir mensagens para outras pessoas.

Em tempos antigos, a comunicação acontecia entre amigos e inimigos. Alguns tipos de linguagem corporal eram feitos para amigos enquanto outros eram feitos para inimigos.

Essa linguagem corporal funcional se tornou um dos fatores que contribuíram para a sobrevivência da humanidade. Aqueles que interpretavam a linguagem corporal de forma precisa em outros humanos tinham mais chances de sobreviver. Humanos antigos que não a interpretavam corretamente não sobreviviam e seus genes nunca tinham a chance de se multiplicar em gerações futuras.

A maioria da linguagem corporal funcional antiga ainda existe hoje. Quando um homem quer exercer sua dominância, por exemplo, ele ainda infla seus músculos, tentando parecer maior. Este é o motivo pelo qual existem pessoas obcecadas em aumentar o tamanho de seus músculos.

Origens da linguagem corporal de reflexo

Alguns tipos de linguagem corporal acontecem como reações instantâneas a estímulos. Estes tipos de linguagem corporal também eram traços de sobrevivência. Nos tempos antigos, quando alguém ficava surpreso, por exemplo, seus olhos se arregalavam, seu mecanismo de fuga ou luta era ativado e ele fazia gestos defensivos. Milhares de anos atrás, a maioria das coisas que surpreendiam seres humanos eram um perigo para suas vidas. Eles precisavam destes movimentos corporais para aumentar suas chances de sobreviver.

As pessoas ainda utilizam a linguagem corporal de reflexo em suas interações diárias. Mas porque elas tentam controlar suas reações o tempo todo, sua linguagem corporal de reflexo apenas se mostra por um segundo ou menos.

Capítulo 2– Tipos de movimento corporal

Neste capítulo, você vai aprender sobre os diferentes tipos de movimentos corporais que você pode observar em seu objeto. Para estar apto a aprender o significado de movimentos corporais, primeiro você deve classificá-los. Aqui estão alguns dos tipos comuns de movimentos que pessoas usam para se comunicar:

- **Gestos**

Gestos são movimentos de braços e mãos que acompanham a comunicação. Eles podem acontecer enquanto a pessoa está falando. A maioria dos treinadores de comunicação enfatizam o uso de gestos para seus estudantes tornarem seus discursos mais memoráveis.

Ao ler a linguagem corporal, você deve evitar se atentar demais aos gestos de pessoas que foram treinadas para competições que envolvem falar em público e outras formas de falar. Estes gestos praticados vão enganar você sobre as emoções e pensamentos verdadeiros de quem está falando.

Gestos são mais valiosos em te dar informações quando você os observa como reações a estímulos. A maioria das pessoas utilizam os movimentos das mãos e dos braços para se defender. Você estará apto para observar os estágios iniciais de auto-defesa se você observar as mãos e braços das pessoas quando estão estressados.

Uma pessoas estressada, por exemplo, pode fechar o punho. Você verá isso como um sinal que a pessoa está com medo. Quando você está estressado, seu cérebro manda sinais para o corpo bombear mais sangue para os seus braços e pernas. As pessoas usam essas partes do corpo para se defender e também para fugir.

- **Tremer/sacudir**

Tremer/sacudir também é uma forma comum de movimento que pode ser utilizada para ler pessoas. Em alguns casos, você verá as mãos ou os braços das pessoas sacudirem. Pessoas com transtorno de estresse pós-traumático, por exemplo, frequentemente têm mãos trêmulas quando certos estímulos os lembram dos eventos que causaram o trauma. A mesma coisa acontece com pessoas que estão experienciando abstinência de alguma substância. Não existem diferenças particulares na maneira que as pessoas tremem/sacodem. A melhor maneira de saber o motivo é saber melhor sobre o passado da pessoa.

Tremer/ sacudir também ocorre em eventos do dia-a-dia. Uma pessoa que não está acostumada com multidões, por exemplo, pode experienciar suas mãos tremerem involuntariamente enquanto fazem um discurso. Uma pessoa ansiosa também pode sentir uma necessidade involuntária de sacudir suas pernas enquanto espera por algo.

- **Expressão facial**

Além de observar os gestos e agitação involuntária das pessoas, você também deve começar a prestar atenção às expressões dos olhos e da face das pessoas. A maioria dos humanos possuem a capacidade natural de relacionar as expressões com as emoções das pessoas. Você saberá se uma pessoa está brava apenas olhando para sua expressão facial. É mais fácil ler emoções básicas baseadas em expressões faciais normais.

Isso se torna mais complicado quando a pessoa está tentando esconder as emoções que está sentindo. Isso é comum quando uma pessoa sente uma emoção negativa forte em um ambiente social. Nesses tipos de situações, uma pessoa pode se sentir com raiva, triste ou desapontada mas tentar seu máximo para não demonstrar. Uma pessoa com raiva pode mostrar uma boca sorridente mas seus olhos e punhos mostram raiva.

Ao ler as expressões faciais das pessoas em situações como essa, você deve observar movimentos voluntários e involuntários separadamente. A boca e os músculos em volta, por exemplo, são normalmente bem controlados pelas pessoas mesmo em situações estressantes. Os olhos, por outro lado, são mais difíceis de controlar. O mesmo acontece com áreas que se contorcem quando as pessoas estão estressadas. Isso normalmente acontece nos cantos dos olhos e da boca.

Na mesma situação, você vai observar que uma pessoa estressada possui pupilas dilatadas. Isso permite que os olhos fiquem mais focados em situações de perigo. Normalmente, isso possibilita uma pessoa que está se defendendo a se focar em seus inimigos.

- **Microexpressões**

É ainda mais desafiador observar micro expressões. Esses movimentos faciais minúsculos acontecem involuntariamente. Eles normalmente ocorrem logo após o cérebro de uma pessoa recebe e analisa uma informação e então cria uma reação mental. Quando o cérebro produz uma reação, a pessoa pode mostrá-la em alguns músculos de seu rosto. É perceptível apenas por um breve período porque a consciência da pessoa assume o controle rápido.

Pessoas que se especializam em analisar micro expressões fazem uma lista desses movimentos faciais comuns e presumem que pessoas com as mesmas origens produzem as mesmas reações para certas emoções. Você pode tentar observar algumas micro expressões mas elas são muito difíceis de se notar porque ocorrem apenas por alguns milissegundos. Até mesmo profissionais necessitam usar gravações de pessoas para estarem aptos a detectá-las e analisá-las.

- **Ritmo de movimento**

Você também pode perceber muito sobre o estado mental de alguém através da rapidez de seus movimentos. Se uma pessoa está se movimentando mais rápido do que o normal, você pode considerar que ela está em um estado mental de estresse. Através do ritmo de movimento você também pode saber sobre as origens da pessoa. A maioria das pessoas que cresceram em áreas altamente urbanizadas estão programadas para se movimentar rapidamente. Pessoas que cresceram em áreas rurais estão mais propícias a se movimentar mais devagar.

- **Postura**

A postura de uma pessoa também é evidência para detectar seu temperamento. Uma pessoa triste ou desapontada pode apresentar ombros caídos e costas arqueadas. Uma pessoa feliz pode apresentar costas eretas e um leque maior de movimentos.

Você pode aprender muito sobre as pessoas observando sua postura quando estão perante a estranhos ou multidões. Uma pessoa que possui experiência nesses tipos de interações podem demonstrar que está confortável. Você pode vê-la com as costas eretas e o peito para a frente. O pescoço também estará reto, expondo o queixo.

Uma pessoa menos confiante, por outro lado, pode demonstrar nervosismo. Você poderá observar hesitação em encarar as pessoas. A pessoa também poderá apresentar costas arqueadas e o rosto virado para baixo.

Capítulo 3 – Emoções comuns e sua linguagem corporal correspondente

Neste capítulo, você vai aprender sobre a linguagem corporal comumente apresentada em emoções do dia-a-dia. Este capítulo também inclui estados mentais comuns que podem ser detectados ao observar a linguagem corporal.

Felicidade

Um rosto feliz deve apresentar um sorriso genuíno. O sorriso não deveria ser aparente apenas na boca, mas também nos olhos. A maioria das pessoas que fingem felicidade tendem a apresentar um sorriso em sua boca mas elas falham em fazer o mesmo gesto com seus olhos.

O sorriso da pessoa deve se estender de bochecha a bochecha com os cantos da boca se enrugando. Você também deve observar a mesma contração nos cantos dos olhos da pessoa. O resto do rosto deve estar relaxado. Você pode observar músculos relaxados nas maçãs do rosto da pessoa e nas sobrancelhas.

Também deve haver uma liberação repentina de energia que pode causar hiperatividade em algumas pessoas. Alguns não podem ficar parados após ouvirem notícias que os fazem felizes. Após a euforia inicial passar, o sujeito parecerá mais relaxado.

Medo

O medo ocorre quando as pessoas sentem que algo pode ser uma ameaça em suas vidas. Em resposta, o cérebro cria uma série de reações que aumentam suas chances de sobrevivência na presença de uma ameaça. Os olhos se tornam mais abertos para aumentar a quantidade de luz que pode entrar. A pessoa pode abrir a sua boca como se para entrar mais ar. Os músculos da testa se contraem ao que o resto do rosto fica mais tensionado.

Você também vai observar tensão na maioria dos músculos do corpo do sujeito. Particularmente, você verá seus braços tensionados, como que se preparando para se defender. Em alguns casos, essa tensão vai durar apenas por um momento quando o medo tiver passado.

Raiva

Franzir a testa é o sinal mais comum de raiva. Os olhos e a boca também se tornam mais estreitos. Pessoas com lábios maiores podem fazer um pouco de "beicinho". Isso acontece como resultado dos músculos da boca se tornando mais tensionados. Você também vai observar uma respiração acelerada nos movimentos do peito. Algumas pessoas que se tornam agitadas quando ficam com raiva podem inflar suas narinas ao que respiram rapidamente e intensamente.

A maioria das pessoas cerram seus punhos quando estão com raiva. Você também vai observar algumas pessoas usando seu dedo indicador para argumentar. Ao que a raiva aumenta e é alimentada pelas reações das pessoas, os gestos se tornam mais exagerados.

Desgosto

O desgosto é um sentimento que as pessoas apresentam perante a coisas desprazerosas, como sentir o cheiro de um animal morto ou ver um ambiente sujo. A tolerância das pessoas para coisas desgostosas varia. Se você está acostumado com o cheiro de animais mortos, por exemplo, você pode não sentir desgosto perante a isso.

A evidência mais comum de desgosto é a contração dos músculos do nariz quando exposto a um objeto repugnante. O espaço entre as sobrancelhas também pode se contrair. Os músculos da bochecha devem também se levantar. A pessoa pode criar gestos relacionados a seu nariz. Ela também pode usar suas mãos para cobrir o nariz e a boca e bloquear o cheiro.

Tristeza

Lágrimas são o sinal mais comum de tristeza. Entretanto, a maioria das pessoas tentem esconder suas lágrimas em ambientes sociais. Para ver sinais de tristeza, você deve observar os músculos controláveis do rosto da pessoa como a boca, as bochechas, e as sobrancelhas. Esses músculos normalmente caem quando a pessoa está triste. Isso inclui os cantos externos dos olhos e os músculos das bochechas. Os cantos da boca também devem ficar para baixo. O mesmo padrão pode ser apresentado nos ombros de uma pessoa. O ritmo de movimento deve ser mais lento do que o normal.

Surpresa

Surpresa e medo podem ser demonstrados de maneira similar na linguagem corporal de uma pessoa. As sobrancelhas de uma pessoa que está surpresa se levantarão. Rugas na testa podem ser observadas e a boca poderá ficar aberta e a mandíbula se abrir. Quando surpresas, pessoas frequentemente levantam seus braços em um movimento para se defenderem da fonte de um som alto ou um objeto que se move rapidamente.

mouth may be open or the jaw may drop. When surprised, people often raise their arms in a motion to protect themselves from the source loud noise or the fast moving object.

Estados mentais comuns

Confiança vs Falta de confiança

Na maioria dos casos, é fácil diferenciar uma pessoa confiante de uma pessoa que não é confiante. Uma pessoa confiante fala com certa presunção. Ela pode demonstrar vontade de liderar tarefas em casa ou no trabalho. Quando falando, uma pessoa confiante irá mostrar que está confortável usando seus gestos na conversa. Uma pessoa que não possui confiança pode limitar as ações de suas mãos e braços. Pessoas confiantes também não possuem medo de contato visual. Quando conversando, elas fazem contato visual para argumentar. Aqueles que não possuem autoconfiança podem desviar o olhar rapidamente.

Dizendo a verdade

Uma das razões pela qual a maioria das pessoas aprendem a ler linguagem corporal é para poderem saber se as pessoas estão mentindo ou não. Apenas as pessoas que não estão acostumadas a mentir podem ser pegas contando uma mentira através de sua linguagem não-verbal. Algumas pessoas estão tão acostumadas a mentir que elas não se sentem incomodadas com isso.

Quando pessoas comuns mentem, sua consciência faz com que eles questionem o que estão fazendo. Isso se apresenta na maneira como se comportam. Se você conhece bem a pessoa, você vai notar que algo está errado. Você poderá ouvir uma pequena mudança em seu tom de voz. Algumas pessoas não conseguem para de suar quando mentem porque ficam nervosas.

É mais desafiador pegar estranhos em uma mentira porque você não conhece seus maneirismos usuais. Quando você precisa pegar um estranho mentindo, você deve olhar para a consistência da linguagem corporal que a pessoa apresenta. Quando as pessoas mentem, há sempre uma parte de sua linguagem corporal que demonstra nervosismo.

Um bom mentiroso vai tentar esconder essa parte do corpo. Algumas pessoas têm medo de fazer contato visual quando mentem porque acham que seus olhos vão entregar que estão mentindo. Para tentar esconder a mentira, elas podem desviar seu olhar e evitar contato visual. Outros tentam não mostrar suas mãos porque pensam que vão tremer muito quando mentirem. Você deve observar se uma pessoa está tentando esconder certas partes do corpo enquanto falam.

Você também deve observar as áreas da face que são difíceis de controlar. Se uma pessoa diz que está feliz mas seus olhos não sorriem juntamente com a boca, isso pode querer dizer que tem algo errado.

Pessoas que não estão acostumadas a mentir também podem tentar acelerar a conversa ou mudar de assunto. Elas fazem isso porque não estão confortáveis em mentir. Elas tentam contar a mentira o mais rápido possível e mudar o assunto. Também podem fazer isso tentando parecer ocupadas e aumentando o ritmo de seus movimentos.

Comportamento dominante vs submisso

Na maioria dos casos, você poderá precisar identificar também os tipos de personalidades das pessoas baseado em seu comportamento. A tendência de uma pessoa a dominar um grupo, por exemplo, pode ser um fator importante a se considerar.

Uma pessoa que quer mostrar um comportamento dominante pode tentar ocupar o máximo de espaço que pode. No escritório, você verá a pessoa dominante se transferir de um cubículo para o outro para interagir com os outros. Ele ou ela pode também apresentar força através do tom de sua voz. Você também vai observar alguns sinais de confiança nesses tipos de pessoas mas elas apenas os apresentam para pessoas dominantes.

Pessoas com personalidades dominantes quase sempre iriam querer estar na posição mais proeminente do grupo. Em uma mesa, por exemplo, eles normalmente sentarão na área onde todos podem vê-los. Quando interagindo com outros, eles normalmente usam gestos fortes para enfatizar seu argumento e intimidar pessoas. Eles normalmente se utilizam de movimentos que ocupam muito espaço. O uso deles do espaço também irá ser apresentado na maneira como se sentam e se levantam. Pessoas com personalidades dominantes frequentemente se sentam com seus pés mais afastados do que a maioria das pessoas. Elas também escolherão uma posição mais larga ao ficarem de pé.

Você também irá notar que as pessoas com personalidade dominante se utilizam mais do espaço das outras pessoas. Quando interagindo com outros, eles irão falar com você de perto sem pedir permissão.

Capítulo 4 – Considerando o contexto por trás do movimento

Ao analisar a linguagem corporal, nenhum movimento deve ser considerado independentemente. Você deve coletar toda informação que você tem e comparar com o contexto no qual a linguagem corporal foi avaliada. Aqui estão algumas das razões pelas quais você deve considerar o contexto por detrás dos movimentos corporais:
:
● Algumas emoções refletem os mesmos movimentos corporais.

Algumas emoções totalmente opostas podem criar movimentos faciais e corporais semelhantes. Um sorriso, por exemplo, não é sempre uma maneira de demonstrar felicidade. Muitas pessoas sorriem quando estão estressadas.
● Pessoas podem tentar esconder expressões faciais e corporais óbvias.

Muitas situações forçam as pessoas a esconder suas expressões reais. Se um professor raivoso faz algo engraçado, os estudantes podem fazer seu melhor para esconder seu sentimento de entretenimento.

- Algumas pessoas foram treinadas para manter uma face sólida.

Pessoas em certas profissões são treinadas a manter uma face constante independente de suas emoções. A maioria dos policiais, por exemplo, são excelentes em manterem suas emoções e reações escondidas quando estão trabalhando. Eles precisam separar suas emoções da situação para se assegurarem que estão lidando objetivamente com cada decisão.
Outras profissões desenvolveram habilidades em esconder suas emoções através de expreriência. Algumas pessoas estão tão acostumadas a mentir que os sinais usuais não são mais apresentados quando o fazem.

- Pessoas de culturas diferentes podem apresentar linguagem corporal diferente.

Mesmo se você se tornar um mestre em como as pessoas em sua volta usam a linguagem corporal, você poderá encontrar pessoas de culturas diferentes e elas podem apresentar diferentes tipos de linguagem corporal. Por conta disso, você ainda deve tomar cuidado ao ler a linguagem corporal enquanto considerando o contexto.

Capítulo 5 – Como ler pessoas através da linguagem corporal

Quando você tentar ler outras pessoas, você vai precisar tornar o processo mais organizado. Para tanto, você deve seguir os seguintes passos:
1. Identifique o alvo.

Se você quer uma boa leitura das pessoas através de seu uso da linguagem corporal, você precisa fazê-lo com uma pessoa por vez. Se você tem um novo empregado, por exemplo, você pode estudá-lo como o chefe da empresa. Se você está competindo com alguém por uma promoção, você pode escolher aquela pessoa. Certas profissões também precisam se utilizar da arte de leitura da linguagem corporal. Um professor, por exemplo, pode estar apto a se comunicar com seus estudantes melhor se souber sobre seus pensamentos e humores do momento.

Se você estiver tentando ler muitas pessoas ao mesmo tempo, você pode considerar fazer anotações do que você aprender para organizar as informações. Ter gravações também te torna apto a voltar para as informações que encontrou no passado como materiais de referência no futuro.

2. Identifique o temperamento usual da pessoa.

A maioria das pessoas possuem um temperamento "padrão" . Algumas pessoas estão sempre alegres. Também existem pessoas que estão sempre faladoras.

Você deve considerar as emoções que uma pessoa habitualmente usa como um mecanismo de enfrentamento. Uma pessoa que está sempre com raiva pode usar essa emoção como um mecanismo de enfrentamento para o estresse.

Ao identificar as emoções que as pessoas manifestam usualmente, você estará apto a saber se eles não estão agindo como o usual. Por exemplo, um estudante falador pode ir às aulas um dia, estranhamente quieto. Isso é um sinal para o professor que algo pode estar errado. O professor pode então usar as habilidades de leitura corporal para obter mais informações.

3. Identifique as possíveis emoções que ele pode estar sentindo baseado na situação.

Quando você tiver concluído os primeiros dois passos, você deverá então identificar as informações do ambiente em volta do sujeito. Suponhamos que você está entrevistando pessoas para uma vaga de emprego e você tem um candidato claramente nervoso em sua frente. Não é uma surpresa notar que a pessoa está nervosa. Ela está obviamente tensa por conta da entrevista de emprego.

Você pode fazer uma avaliação diferente se você for um policial entrevistando um possível suspeito de um crime. Nesse caso, você precisa cavar um pouco mais fundo no sentido de porque a pessoa está nervosa através de um questionamento meticuloso.

A situação onde o alvo se encontra irá te ajudar a descobrir o seu estado mental atual. Quando você tiver identificado a situação, você deverá considerar as possíveis emoções que uma pessoa pode sentir na dada situação. Se uma pessoa está em uma entrevista de emprego, por exemplo, você pode estar apto a limitar a disposição atual dela para nervosa, confiante ou um pouco dos dois.

Ao estreitar as emoções, você estará apto a reduzir o tempo para descobrir o estado mental da pessoa. No exemplo da entrevista de emprego, você apenas precisa considerar se a pessoa está mais nervosa ou mais confiante. Você não mais precisa considerar outras emoções ou estados mentais que não se encaixam na situação atual.

4. Encontre provas das emoções certas.

Após considerar as possíveis emoções ou estados mentais do sujeito, o próximo passo é procurar por provas da disposição atual da pessoa. Ao procurar por provas, você deve sempre olhar primeiro para o rosto. Se o sujeito não sabe que você o está examinando, você poderá entender sua disposição verdadeira através de suas expressões faciais.

Pessoas que sabem que estão sendo observadas podem tentar esconder suas verdadeiras emoções. Uma pessoa orgulhosa, por exemplo, pode tentar esconder suas lágrimas quando falando em público, independente do quão emocionante o assunto possa ser.

Quando você não pode encontrar as provas que precisa nas expressões faciais do sujeito, você pode querer observar seus outros movimentos. Você deve então observar seus gestos e outros movimentos das mãos.

Se você descobrir que a pessoa está tentando esconder suas expressões faciais verdadeiras, você deve procurar movimentos que a pessoa não pode controlar. Você pode observar suas micro expressões se você puder encontrar alguma. Você também deve observar se existe tremor involuntário em seus braços ou pernas. Estes são sinais de ansiedade ou impaciência.

Após reunir informações através de linguagem corporal, você deve então fazer uma conclusão sobre o estado mental atual ou emoções da pessoa. Você deve basear sua conclusão apenas nas provas que encontrar. Se as provas não apontam para nenhuma emoção ou estado mental que você escolheu nas partes anteriores do capítulo, você pode precisar começar novamente pelo passo 1.

5. Confirme a emoção.

Após fazer sua conclusão, você deve confirmá-la com outras formas de informação. Quando você usa linguagem corporal para aprender sobre uma pessoa, você está apenas dando seu melhor palpite. Para se assegurar que você não está agindo baseado em palpites, você deve confirmar suas conclusões com mais investigações.

Se você concluiu que a pessoa está nervosa baseado em sua linguagem corporal, você pode dizer que ela parece nervosa e perguntar o motivo.

Encontrando sinais de linguagem corporal únicos

A maioria das pessoas aprenderam que é fútil impedir suas expressões e linguagem corporal. Para esconder suas verdadeiras emoções, eles tentam adicionar mais sinais que podem enganar outros. Isso é uma habilidade comum entre jogadores de pôquer. Em um jogo de pôquer, espera-se que todos sejam enganosos. As pessoas que não podem esconder que estão sendo enganosas normalmente apresentam sinais. Alguns jogadores podem suar demais. Outros podem demonstrar nervosismo em sua voz. Algumas pessoas podem também apresentar certos movimentos que elas constantemente apresentam quando estão blefando. Esses sinais consistentes para blefes ou mentiras são chamados "tiques".

Um jogador que está blefando pode olhar para suas cartas viradas para baixo quando está blefando. Esse pode ser um de seus "tiques" . "Tiques" também existem na vida real. São ações ou movimentos involuntários que as pessoas apresentam quando estão em um certo estado mental. Um homem pode começar a bater seus dedos em uma superfície quando começa a se sentir com raiva e está tentando controlar sua raiva. Este é um "tique" que você pode utilizar para evitar confrontos raivosos no futuro com a dita pessoa.

O que faz de uma ação um "tique"

- é consistente.

Uma pessoa deve apresentá-la consistentemente em uma condição específica. "Tiques" normalmente acontecem no começo de emoções negativas fortes. Podem ser observados em pessoas que desenvolveram um hábito de usar gestos para transmitir emoções negativas. Uma pessoa com problemas com a raiva, por exemplo, podem criar certos movimentos logo antes de explodirem.

- É único e pessoal.

A maioria dos "tiques" são únicos para cada pessoa. Diferente da linguagem corporal e expressões, "tiques" não são compartilhados pela população. Em outras palavras, as pessoas os desenvolvem em níveis diferentes.

- São criados inconscientemente.

"Tiques" são mais efetivos em te prover

"Tells" are most effective in giving you insights about a person when the person doing them are not aware of them. "Tells" are a set of mannerisms that consistently happen before, during or after a specific mental state. If a person learns about his "tells," he may try to avoid doing them in the future. In most cases, you should not tell people of their "tells" and just use it to read them.

Capítulo 6 – Usando a linguagem corporal em seu benefício

Ao aprender sobre como outras pessoas vêem a linguagem corporal, você estará apto a manipular seus próprios movimentos e postura em benefício próprio.

Para mostrar características de liderança

Você pode usar seu conhecimento sobre linguagem corporal para mostrar para as pessoas com as quais você interage que você está no controle da situação. Quando as pessoas em sua casa ou ambiente de trabalho precisam de liderança. você pode mostrar provas de liderança para conseguir a confiança das pessoas em sua volta. A maioria das pessoas ficariam estressadas em algumas situações e podem ficar tensas e chateadas no processo. No seu caso, ao que seus músculos ficarem tensionados por conta do estresse, você pode respirar fundo até que relaxem novamente. As pessoas em sua volta vão perceber se você estiver tenso. Elas podem também se sentir estressadas se sentirem que seu líder está estressado.

Para passar melhor sua mensagem

Quando tentando lembrar de mensagens, as pessoas tentam se lembrar de ambos sinais auditivos e visuais. Para estar apto a tornar suas mensagens mais memoráveis, você precisa se assegurar que você usa o espaço que você tem ao entregar sua mensagem. Se você está falando em público, ao invés de meramente falar no pódio, você deve usar o palco inteiro. Você também deve fazer gestos praticados e bem planejados melhor se você se utilizar de movimentos mais largos porque eles vão se lembrar de como você se parecia quando você falava.

Para se tornar um negociador melhor

A maioria dos profissionais de hoje não são confiantes quanto a suas habilidades de negociação. Ao negociar, você está tentando ler a pessoa com a qual você está falando. A pessoa que entrega sua posição cedo na negociação tem mais chances de perder.

Primeiro, você quer saber se a pessoa com a qual você está falando está nervosa quanto a interação. Se sim, isso pode querer dizer que eles estão sendo pressionados pelas pessoas em sua volta a fechar o negócio. Pèssoas que estão sob pressão para fazer um acordo normalmente estão em posição de desvantagem na negociação porque elas precisam fazer um acordo mesmo por um preço ruim.

Nervosismo também pode significar que o outro negociador é um iniciante no processo. Se esse é o caso, você pode estar apto a forçar pessoas a fechar o negócio nos seus termos.

Conclusão

Obrigado novamente por baixar este livro! Espero que este livro o tenha ajudado a entender e usar a linguagem corporal.

O próximo passo é usar a informação que você aprendeu neste livro em seu dia-a-dia. Você pode se utilizar da informação neste livro para qualquer tipo de interação. Entretanto, antes que você possa começar a ler as pessoas, você primeiro precisa observar as pessoas em sua volta.

Isso te dará discernimento sobre os tipos de movimentos que elas usam frequentemente. Se você sabe como as pessoas em sua volta se movimentam em interações e situações normais, você poderá identificar se existem peculiaridades em seus movimentos em circunstâncias especiais, como quando estão mentindo.

Finalmente, se você gostou deste livro, então eu gostaria de te pedir um favor, você poderia fazer a gentileza de deixar

sua avaliação para este livro? Eu apreciaria muito!
Clique aqui para avaliar este livro!
Obrigado e boa sorte!

Parte 2

Introdução

Quero agradecer e felicitá-lo por baixar o livro.

Este livro contém etapas e estratégias comprovadas sobre como analisar os pensamentos, sentimentos e verdadeiras intenções de uma pessoa apenas observando os movimentos do corpo e como usar seu corpo para enviar mensagens convincentes a outras pessoas.

Há algo sobre a linguagem corporal que nem todo mundo conhece. Aqueles que sabem sobre isso têm uma vantagem sobre todos os outros, porque eles têm o poder de ler mentes e controlar mentes de maneiras ultra sutis. Leia este livro para que você também esteja à frente do seu jogo.

Obrigado novamente por baixar este livro, espero que você goste!

Capítulo 1: A verdade sobre a linguagem corporal

A verdade sobre a linguagem corporal é que ela é extremamente mais honesta e mais influente do que as palavras. Aprendendo a entender e controlar a linguagem corporal, você ganha a habilidade de ler as pessoas comprecisão e conduzi-las da maneira que você escolher.

Comunicação envolve mais do que apenas trocar palavras. Na verdade, apenas 7% da comunicação é verbal e o resto é não-verbal. Dos 93%, 55% é linguagem corporal e 38% do tom da sua voz. Issodeve servir como um lembrete para você prestar atenção, não apenas ao que está dizendo, mas também ao que todo o seu corpo está projetando.

Como você pode ver nas estatísticas dadas acima, uma grande parte da comunicação gira em torno de elementos não ditos. Em uma conversa, as pessoas usam seu intelecto para decifrar o significado e expressá-lo. No entanto, eles também captam e demonstram informações não verbais, embora possam não estar cientes de que estão fazendo isso.

A parte complicada da linguagem corporal é que geralmente ésubconsciente. Isso significa que os movimentos e posições de outras pessoas podem nos afetar sem que saibamos, e também revelamos nossos segredos involuntariamente. É por isso que é importante levar a linguagem corporal ao nível consciente. Nós nos tornamos melhores comunicadores secompreendermos plenamente como as ações se traduzem em significado e se sabemos como guiar a ação para que possamos transmitir as mensagens desejadas.

Estes são alguns benefícios de dominar a linguagem corporal:

- Ao dominar a linguagem corporal, você compreenderá mais as outras pessoas e terá a capacidade de influenciar outras pessoas de maneira sutil.

- Você pode fazer as pessoas confiarem e gostarem mais de você.

- Você melhora suas habilidades interpessoais.

- É útil nas negociações e no trato com os outros.

- A linguagem corporal revela muitas informações, mesmo que a pessoa não fale ou negue. Isso fará de você um ouvinte melhor, porque você recebe mais da mensagem inteira que as palavras deixam de fora

- Você saberá se está sendo enganado.

- Você pode ter uma ideia do que a outra pessoa está escondendo.

• Ao controlar sua linguagem corporal, você também controla o que sente, pois ações e emoções estão interconectadas.

Lendo e controlando a linguagem corporal

Aprender a ler a linguagem corporal é útil para obter insights para outras pessoas e usar essa percepção para lidar com elas de maneira mais eficaz. Dominar a linguagem corporal faz com que você controle as mensagens que envia para outras pessoas. Dá-lhe a capacidade de convencer melhor as outras pessoas ou afetá-las subconscientemente.

Lembre-se de que você precisa ler a linguagem corporal, não em partes, mas por completo. Da mesma forma, se você está conscientemente controlando sua linguagem corporal, você deve garantir de que ela corresponde ao que você está dizendo. Caso contrário, as pessoas detectarão as inconsistências e perceberão que você está fingindo.

Opróximo capítulo trata do mais geral de todos os indicadores de linguagem corporal: abertura. Isso serve como a imagem principal que colore todas as outras ações.

Capítulo 2: Linguagem Corporal Aberta e Fechada

Como mencionado anteriormente, a linguagem corporal precisa ser interpretada comoum todo em vez de individualmente. Você deve considerar grupos de ações ou expressões semelhantes antes de ler uma pessoa. Evite apontar um maneirismo específico para representar seu estado de espírito - um gesto pode implicar várias coisas diferentes, e vocêsó saberá o que significa especificamente se compará-lo a outras pistas.

Categorizar a linguagem corporal como aberta e fechada é uma maneira de obter rapidamente informações sobre a disposição geral de uma pessoa. Cada tipo está associado a certos recursos:

Linguagem corporal aberta

Uma linguagem corporal aberta revela uma atitude não defensiva. Está ligado à aceitação, passividade e relaxamento.

- Braços descruzados - podem significar abertura, mas também podem indicar articulação, raiva ou súplicas com base na posição das mãos.

- Pernas não cruzadas - postura não defensiva

Linguagem Corporal Fechada

Uma linguagem corporal fechada expressa defensividade e proteção. Também pode significar exaustão.

- Braços cruzados: rejeição, cautela

- Pernas cruzadas: cuidado ou desafio

- Colocar um objeto na frente do corpo: medo, nervosismo

Postura Geral

A postura geral de uma pessoa pode lhe dizer instantaneamente como ela se sente.

- De pé ou sentado: confiança e atenção
- Encurvado: cansaço, tristeza, timidez

Tenha cuidado para não julgar rapidamente uma pessoa com base apenasnesses fatores. Como você lerá mais tarde, gestos específicos e a voz lhe dirão mais sobre o que realmente está acontecendo na mente da pessoa. Além disso, leia o último capítulo para evitar erros na leitura da linguagem corporal.

Capítulo 3: Interpretando Movimentos da Cabeça e Posições

A posição e o movimento da cabeça são altamente visíveis, para que você possa refinar sua análise, verificando primeiro a cabeça da pessoa.

Assentir com a cabeça

- Assentir com a cabeça normalmente significa que a pessoa está concordando com você, mas em algumas culturas comoBulgária, Albânia, Macedônia e Grécia, significa não. Isso ajudará se você obtiver o contexto cultural da pessoa que está lendo.

- Pode significar que o ouvinte está encorajando o orador a continuar.

- Um orador que assente com a cabeça pode significar que ele está enfatizando o que é dito ou tentando convencer o público a concordar com ele. .

- Um lento aceno de cabeça pode significar interesse ou impaciência - um bom contato visual sugere o primeiro, enquanto a falta dele implica o segundo. Também verifique se a pessoa está mexendo; isso revelainquietação.

- Um rápido aceno de cabeça mostra um apoio intenso (se olhando para o falante) ou um impulso urgente de falar (se ele estiver olhando para outro lado).

- Não assentir com a cabeça pode indicar desaprovação ou falta de atenção - uma linguagem corporal fechada é um sinal de rejeição, enquanto um olhar desfocado e uma postura relaxada revelam o tédio.

Sacudindo

- Uma cabeça trêmula geralmente significa desacordo, mas verifique os costumes do povo para ter certeza.

- Uma cabeça tremendo rapidamente expressa uma discordância intensa ou um desejo de falar. Verifique os movimentos da boca.

•Agitação lenta significa que a pessoa discorda, mas quer ficar em silêncio.

Cabeça ereta

•Uma cabeça ereta está associada à escuta objetiva e imparcial.

•Se isso é acompanhado de braços cruzados e pernas cruzadas, a pessoa pode estar em desacordo com o que está sendo dito.

•Se a pessoa estiver falando e sua cabeça estiver em pé, significa que ela quer ser levada a sério.

•Se a cabeça estiver ereta, mas os olhos estiverem voltados para baixo, a pessoa pode estar se sentindo defensiva.

Cabeça alta

- Uma cabeça erguida é um indicador comum de confiança.

- Se o peito estiver estufado, a pessoa está orgulhosa.

- Se o queixo está se projetando, ele está sendo arrogante ou rebelde. A rebelião é geralmente vista com gestos de raiva, como punhos cerrados e uma postura ampla.

Cabeça baixa

- Em geral, uma cabeça virada significa desinteresse.

- Quando a testa também está inclinada para frente, expressa desaprovação.

- Em uma atividade cansativa, uma cabeça baixa fala de esgotamento.

- Quando a pessoa tem uma linguagem corporal fechada, ela está demonstrando submissão ou está se desculpando de interromper ou desagradar outra pessoa.

Cabeça para a frente

- Uma cabeça projetada para frente revela interesse.

- Também pode significar agressão se acompanhada por uma expressão facial raivosa e um olhar prolongado.

Cabeça inclinada para um lado

- Uma inclinação da cabeça é muitas vezes relacionada com interesse.

- Também pode significar consideração, especialmente se a pessoa estiver esfregando o queixo.

- Manter a cabeça ereta é útil para identificar o perigo; permitir que ele incline para o lado significa que tudo está seguro. Se a pessoaestá sorrindo e está perto da pessoa, isso significa que ela confia nela.

- Uma inclinação prolongada da cabeça expõe o tédio.

- Se falando, significa que a pessoa está dizendo as coisas de uma maneira divertida.

Desviar a cabeça

- Isso é indicativo de descrença ou desinteresse.

- Mãos cruzadas atrás da cabeça com os cotovelos para os lados e com o peito erguido

- Isso revela que a pessoa está confortável e não sente necessidade de se proteger; se isso for feito na presença de outras pessoas, isso pode significar que ele está tentando intimidá-las. Isso se traduz em "não vejo você como uma ameaça".

- Cabeça apoiada com os braços cruzados e pressionados contra os lados da cabeça

- Este é um gesto reconfortante e protetor. A pessoa pode estar estressada.

Apoiando a cabeça na mão

- Isso sinaliza tédio ou fadiga.

Lance de cabeça

- Jogar a cabeça expressa desdém especialmente com os olhos olhando para cima. Um barulho e resmungos confirmam isso. No entanto, também pode ser um gesto de paquera se ele/ela mantiver contato visual.

- Virando a cabeça diagonalmente para trás

- Isso é mais lento do que o lançamento de cabeça e é um gesto acenando.

- Tocando a cabeça de outra pessoa

- A cabeça é uma parte vulnerável do corpo. Se você vir alguém tocando a cabeça de outra pessoa e a outra não reagir negativamente, você pode dizerque ela confia uma na outra. É também um sinal de autoridade -a pessoa que toca tem poder sobre o que ele está tocando.

Beijando a cabeça de outra pessoa

- Um beijo mostra aprovação e proteção para aquele que está sendo beijado.

Capítulo 4: Interpretando os movimentos e posições dos olhos

A posição e o movimento dos olhos revelam o que está acontecendo na mente da pessoa. Tome nota que as instruções são baseadas no ponto de vista da pessoa. A direita de uma pessoa é asua esquerda e vice-versa.

Olhando para a direita: imaginando, adivinhando ou inventando coisas (como mentir)

Olhando para cima e para a direita: (imaginando visualmente) imaginando algo que não foi visto pela pessoa; pode indicar mentira.

Olhando para a direita: (imaginando auditivamente) imaginando uma melodia ou som, compondo uma narrativa ou poema, possivelmente mentindo

Olhando para baixo e para a direita: (sentimentos) recordando ou imaginando uma emoção ou sentimento físico

Olhando para cima e para a esquerda: (memória visual) lembrando uma imagem /foto/cena testemunhada

Olhando para a esquerda: (memória auditiva) lembrando um som / melodia / poema

Olhando para baixo e para a esquerda: (auto fala interna) falando consigo mesmo, ouvindo a voz interna, questionando-se

Olhando para cima: tédio

Olhando para cima com a cabeça abaixada: flertando

Olhando para cima e franzindo a testa: julgando

Olhando para baixo com a cabeça abaixada: respeito, submissão

Olhando de lado: irritado, distraído

Movimento lateral (movimento ocular lateral): imaginando, mentindo

Erguer a sobrancelha: reconhecimento, saudação

Olhos arregalados: submissão, atenção, inocência, surpresa, concordância

Pálpebras esvoaçantes: interesse, pensar rapidamente, raiva

Olhos suaves e relaxados: desejo sexual

Contato visual: atenção, interesse, honestidade (ao olhar diretamente para você)

Rompimento do contato visual: insultado, desconforto

Quebrar e reconectar o contato visual: flerte

Longo contato visual: agressão (se o rosto não se move), flerte, surpresa (se com os olhos arregalados)

Contato visual limitado: insegurança, mentira

Olhar: pode significar amor (quando acompanhado de uma expressão facial relaxada), luxúria (quando o olhar percorre todo o corpo), querer beijar (ao olhar para a boca), avaliar a pessoa (quando o olhar percorre para cima e para baixo)), tédio e desinteresse (se olhar para a testa), ou verificar se são apanhados na mentira (quando prolongados)

Relancear: pode significar desejo (se acompanhada de sinais de flerte), preocupação (se estiver ansiosa) ou querer fugir (se olhar para uma saída)

Olhando com as sobrancelhas levantadas: desejo, sem: desaprovação

Apertar os olhos: incerteza, avaliação, suspeita, desacordo, ou simplesmente porque há uma luz brilhante ou a pessoa está tentando ver mais claramente

Piscando: estresse, mentira, relacionamento (se feito ao mesmo tempo que a outra pessoa)

Piscar um só: surpresa

Piscar rápido: arrogância (quando não está olhando para trás), excitação (quando atento)

Piscar devagar: tédio

Piscando: flerte, simpatia

Revirando os olhos: hostilidade, desgosto, frustração

Esfregando os olhos: cansaço, descrença

Encolhendo as pupilas: desonestidade

Pupilas dilatadas: atração

Certifique-se de que a pessoa que você está analisando não tenha distúrbios oculares ou visuais e não esteja sob ainfluência de substâncias. Se o fizerem, você pode confundir seus olhos estrábicos ou estremecidos como algo completamente diferente. Quando você perceber que eles têm problemas com a visão, procure confirmação com outras coisas, como postura e gestos.

Capítulo 5: Interpretando expressões faciais

O rosto revela muito sobre o que a pessoa está sentindo.

- Sorrisos e pálpebras enrugadas: felicidade genuína

- Franzindo a testa, olhos estreitos, queixo apontando para frente, sobrancelhas franzidas: raiva ou concentração

- Sobrancelhas e pálpebras completamente erguidas, olhos arregalados, boca aberta (às vezes uma mão cobre a boca): surpresa

- Boca virada para baixo, testa franzida, queixo trêmulo: tristeza, desagrado

- Nariz enrugado, lábios entreabertos, olhos estreitos, cabeça levemente inclinada: nojo

- Cabeça inclinada (para a direção de interesse), assentindo, boca e olhos se alargam ligeiramente: curiosidade

Sorrisos

- De boca fechada: educado, escondendo segredos, restringindo a si mesmo, rejeitando

- Os lábios pressionados juntos, um lado revirado: arrogância, ridículo, brincadeira

- Os lábios pressionados juntos horizontalmente: interrompendo a fala, recusa, evitando alimentos

- Sorriso fraco: cansaço, timidez

- Sorriso torto (um lado da boca sobe e o outro desce): constrangimento, sarcasmo, mistura de emoção

- Sorriso com o queixo caído: rindo, brincalhão

- Sorrindo com a cabeça para baixo e olhando para cima com sorriso selado - sorriso tímido, abertura

- Sorriso lábio fechado: escondendo algo, brincalhão

- Sorriso largo: felicidade, se com inclinação para a frente da cabeça - humildade, com inclinação para trás da cabeça - orgulho

Mordendo o lábio inferior: medo, segurando para trás, culpa

Mastigando o lábio superior: incerteza, mau humor

Lábios escondidos dentro: desaprovação, secretismo, mentindo

Lábios separados: prestes a falar, (se lambendo os lábios e olhando) flertando

Lábios salientes: pensando

Lábios retraídos e dentes expostos: (com olhos estreitos ou largos) agressão, felicidade (com olhos enrugados)

Contraindo os lábios: falando para si mesmo, ansiedade, descrença

Lábios apertados: tensão, raiva / aborrecimento, sexualmente excitado, retendo alguma emoção

Lábios apertados, mandíbula cerrada: ameaçando alguém

Lábios soltos: triste, relaxado, desistido

Fazendo beicinho: desapontamento, (cabeça baixa, olhos estreitos, testa enrugada) antipatia, tristeza, frustração, incerteza, pensamento, interesse sexual, (se o lábio inferior for empurrado para fora) birra

Mostrar a língua: (língua realizada entre os dentes) cometer um erro, fugindo com malícia

Cuidado com rostos sem emoção - eles podem estar se esforçando para esconder algo de você. Você pode tentar perguntar algo à pessoa e observar as pupilas de seus olhos; se eles encolherem, eles podem estar mentindo. Além disso, atente para outrosindicadores ' mentirosos ' (veja o capítulo 9 para mais detalhes).

Capítulo 6: Interpretando os braços e as mãos

O movimento de braços e mãos complementa as palavras faladas. Há também momentos em que eles revelam o que a pessoa está escondendo.

Dedo sacudindo: aviso

Dedo subindo e descendo: enfatizando um ponto ou repreendendo alguém

Dedo apontado: agressão ou atenção a uma pessoa (você pode dizer qual pela situação e expressão facial)

Polegar para cima: aprovação

Polegares para baixo: desaprovação

Tocar rosto / nariz / boca: deitado, rejeição, dúvida

Tocando o queixo: tomando uma decisão

Segurando as próprias mãos: auto reconfortante

Puxando a orelha: indecisão

Roendo unhas: nervosismo ou insegurança

Batucar com os dedos: impaciência

Torcendo as mãos: nervosismo, raiva

Braços cruzados: relaxamento (se não houver emoções negativas)

Segurando no braço oposto: restrição, irritação

Segurando as mãos pelas costas: aberto e confiante (se relaxado e com postura corporal aberta), escondendo a emoção (se estiver tenso e tiver fechado a postura do corpo)

Mãos escondidas: mentindo, escondendo informações

Falta de movimento das mãos: desonestidade

Apertou na frente de maneira relaxada polegares apontando para cima: prazer

Aperto de mão

O aperto de mão de uma pessoa diz muito sobre sua confiança e sobre a maneira como ele trata outras pessoas.

- Aperto de mão firme: força, confiança

- Aperto de mão emocionante, palma para baixo: domínio, agressão

- Palma para cima, retirada rápida, fraqueza: submissão

- Agarrando o braço da outra pessoa: possessividade

- Aperto de mão de duas mãos: seriedade

Movimentos cortando e golpeando: agressão

Apontar com a palma da mão para baixo: parando os outros, dizendo "não", indecisão (empurrando a decisão)

Ambas as mãos cerradas: raiva, procurando briga

Ambas as mãos com palmas apontadas para dentro: tensão

Agitando o punho, um punho cerrado e se movendo em direção a uma pessoa: hostilidade

Socando no ar com um punho: excitação, triunfo

Cobertura

Cobrir partes do corpo pode simbolizar que a pessoa está se recusando a aceitar algo ou se defender

- Orelhas - não querem ouvir
- Olhos - não quero ver

- Boca ou pescoço - mentira / incerteza

- Encobrindo

Palmas voltadas para cima: implorando

Palmas voltadas para baixo: situação calma / pessoa

Palmas voltadas para cima, ângulo de 45 graus puxado para dentro: gesto acenando

Palmeiras pressionadas juntas: ansiedade e implorando

Braços cruzados: apreensão, desacordo

Agarrar firmemente os braços superiores: necessidade intensa de conforto, com os punhos cerrados: agressão

Braços cruzados e polegares apontando para cima: confiança ou desconforto

Abra palmas na frente do corpo, respiração calma, postura relaxada: honestidade, inocência

Braços abertos com palmas abertas: conectando-se ao público

Palma aberta para alguém: encorajar alguém a falar

Palmas voltadas para baixo: intimidante

Palmas voltadas para baixo e para cima e para baixo: tentando acalmar alguém / alguma coisa

Esfregando as mãos

- Rapidamente: excitado

- Lentamente: desonesto, a pessoa que está esfregando as mãos vai se beneficiar às custas de outra (especialmente se com os olhos apertados)

- Ou simplesmente porque a pessoa está com frio

Esfregar o queixo: pensando, avaliando

Dedos pressionados juntos apontando para cima: pensador, confiança e superioridade

Uma mão apoiando a cabeça e o dedo indicador sobre a boca: pensando

Mãos cerradas no lado do corpo: restringindo-se, ainda não está pronto para falar

Mão no rosto: acha que alguém / alguma coisa é burra

Mãos cerradas juntas: quanto mais altas elas são, mais negativas são as emoções contidas

Palmas nas costas: confiança

Sinal de com o polegar e o indicador juntos e três dedos para fora: precisão

Polegar e indicador perto um do outro, mas sem tocar: hesitante, incerto

Gesticula com todo o punho enquanto fala: empatia por ponto, convicção e autoridade

Faz o corte de movimento: empático

Campanário (polegar e dedos tocando nas pontas): dominante

Campanário abaixado (posicionado baixo): autoritário, mas aberto para sugestões de outros

Capítulo 7: Interpretando a Postura

Estas são coisas adicionais a serem observadas ao avaliar a posição e postura do corpo.

Recostando-se na cadeira, braços e pernas pendendo frouxamente, a cabeça inclinada para trás: exaustão

Inclinando-se para frente, costas retas: prontidão

Linguagem corporal aberta e com gestos confiantes: Status alto

Status inferior: deferente, linguagem corporal fechada, proteção

De mãos dadas nos quadris: vê as outras pessoas como iguais em status ou menores

Inclinando-se para frente: participação ativa

Inclinando-se para trás: reflexão, desprazer, ansiedade

Postura desleixada, olhando em outra direção: desinteresse

Encolher os ombros: descrença, desculpa, desinteresse, não sei, falta de vontade de estar envolvido, especialmente com as palmas das mãos na frente

Ombro apontando para uma pessoa: desdém

Braços cruzados: defensivo

Pernas cruzadas: necessidade de privacidade

Mãos nos quadris: agressão

Ficar batendo as mãos / pés: tédio, frustração, impaciência, raiva

Ombros encolhidos, cabeça inclinada, palmas das mãos abertas, sobrancelhas levantadas, boca virada para baixo: não sei ou não entendo

Você pode extrair mais informações de uma posição de corpo fechada ou aberta procurando por esses detalhes. Em caso de dúvida, você pode se referir ao padrão de respiração da pessoa:

- Rápido - raiva, ansiedade, excitação
- Mesmo - relaxamento, confiança, certeza
- Lento - depressão

Tenha cuidado, porque muitos fatores além das emoções podem afetar o padrão de respiração de uma pessoa, como temperatura ambiente e estado físico.

Capítulo 8: Interpretando as pernas e pés

As pernas e os pés são partes do corpo que devem ser observadas, porque muitas vezes a pessoa esquece de controlá-las. Isso é importante quando sedetecta desonestidade.

Pés bem separados com as mãos nos quadris: dominância

Pés colocados juntos: submissão

Uma perna reta e outra angulada: quer sair

Pernas cruzadas em pé: protecionismo, comprometimento, submissão

Perna cruzada enquanto está sentado: defensiva

Remexer-se: impaciência

Pés inquietos: mentindo ou escondendo informações

Os pés geralmente apontam para algo que a pessoa está interessada. Pode ser uma pessoa ou um objeto. Se eles apontam para uma saída, isso significa que a pessoa quer sair o mais rápido possível.

Capítulo 9: Lendo Emoções

Sinais de linguagem corporal muitas vezes vêm em grupos. Essas emoções são retratadas pelo seguinte grupo de ações:

Espanto: Encarando, sobrancelhas levantadas, mandíbula frouxa, quietude, suspirando

Diversão: Sorrindo, rindo, batendo nas coxas, batendo palmas, batendo os pés

Raiva: sobrancelhas abaixadas, olhos estreitos, dentes expostos, mandíbula cerrada, rosnado, rosto avermelhado, pescoço tenso, braços balançando, golpes ou movimentos agressivos, apontando, sacudindo ou batendo com o punho, invasão de espaço pessoal, postura larga

Aborrecimento: Lábios apertados, olhos apertados, olhos inclinados para a cabeça, revirar os olhos, suspirando, dizendo "tsk tsk", se afastando

Ansiedade: inquietação, mordendo o lábio, respiração rápida, prendendo a respiração, os olhos se movem rapidamente lado a lado, sudorese, risadas agudas, ritmo, ombros curvados

Atenção: Franzir a testa lentamente, testa enrugada, inclinando-se para frente ou sentada, tomando notas

Tédio: Descansando a cabeça na palma da mão, remexendo, rabiscando, desviando o olhar

Confiança: Braços unidos nas costas, em pé, cabeça erguida, peito para fora, caminhada rápida e movimentos firmes

Confusão: testa enrugada, olhos apertados, ombros encolhidos

Desprezo: Queixo para cima, lábios franzidos, franzindo levemente a testa, pescoço esticado, se afastando, ondas entregam

Cinismo: meio sorriso, balançando a cabeça, lábios pressionados, franzindo a testa ligeiramente, olhos revirados

Defensivo: Braços / pernas cruzadas, braços para fora e palmas voltadas para a frente, colocando barreiras na frente do corpo

Repugnado: nariz enrugado, lábio enrolado, recuando, virando-se, cobrindo o nariz, apertando os olhos, engasgando

Descontentamento: sorriso falso, franzindo a testa, fazendo beicinho, linguagem corporal defensiva

Socorro: Respiração rápida, olhos arregalados, amontoados no canto, batendo nas paredes, apertando as mãos sobre a cabeça, torcendo as mãos, passando as mãos pelo cabelo, balançando

Dominação / Gabação: Queixo empinado, peito para fora, ombros para trás, olhando nos olhos, senta-se com os pés para cima e as mãos atrás da cabeça, aperto de mão muito firme e com a mão no topo

Sério: inclinado para frente, balançando a cabeça, sobrancelhas levantadas, olhos arregalados, contato visual, palmas para cima, aperto de mão dupla, coloca a mão no coração

Constrangimento: corar, gaguejar, cobrir o rosto com as mãos, inclinar a cabeça, evita olhar

Empolgação: esfrega as mãos juntas, lambe os lábios, aperto de mão enérgico, salta para cima e para baixo, largo sorriso

Exaustão: Esfrega os olhos, olha fixamente, sobrancelhas levantadas, boceja, estica, range os dentes, massageia o pescoço

Medo: ombros curvados, afastando-se dos outros, olhos arregalados, sobrancelhas levantadas, tremendo, abraçando-se, balançando, congelando

Paquera: Piscando, olhando através de cílios, olha por cima do ombro, entra em contato visual, olha para o lado e retoma o contato visual, o cabelo vira, alisa a roupa, endireita as posturas, a postura do vaqueiro

Frustração: balança a cabeça, massagem na têmpora, fechar o pulso nas costas, correr as mãos pelos cabelos, agarrando alguma coisa, dobrar os nós dos dedos

Felicidade: olhos e nariz enrugados, sorrindo, rindo, balançando os braços, pulando, dançando

Impaciência: acenos rápidos, batendo os dedos dos pés / dedos, suspirando, verificando relógio de pulso / relógio

Ciúme: lábios apertados, olhos apertados, braços cruzados

Mentir: Coça o rosto, mudança repentina na linguagem corporal, olhos mudando, longos piscos, encolhe os ombros, mistura de linguagem corporal, inquietação, risos ou sorrisos inapropriadamente, lambe os lábios, morde a língua, cobre ou toca a boca

Dominado: Palmas para a cabeça, cobre os olhos, olhos arregalados, olha fixamente, agarra a mesa ou se inclina para a parede

Brincalhão: Pisca com um olho só, mexe as sobrancelhas, toques

Prazer: Cabeça inclinada para trás, lábios entreabertos, movimentos lentos, alongamento, corar levemente, respiração rápida

Possessividade: Agarrando os braços enquanto agita as mãos, colocando as mãos sobre ou ao redor da outra pessoa ou o espaço perto deles, invadindo o espaço pessoal, olha fixamente

Resistência: Braços cruzados, arrasta os pés, aperta o nariz, cobre as orelhas

Tristeza: ombros caídos, corpo caído, se abraça, movimentos lentos, tremor ou lábio inferior, choro, tremor

Discreto: Apertado sorriso labial, escondendo as mãos nos bolsos, desviando o olhar

Vergonha: ombros caídos, evita olhar fixo, enterra o rosto nas mãos, curva a cabeça

Choque: Cobre a mão com a boca, boca aberta, ofegante, congelamento, encarando, sobrancelhas levantadas e olhos arregalados, batendo na testa

Timidez: Evita o contato visual, mantém distância das pessoas, linguagem corporal fechada, cabeça baixa

Presunção: pequeno sorriso de boca fechada, levantou uma sobrancelha, o queixo ligeiramente inclinado, os dedos entrelaçados (os dedos estendidos e as pontas dos dedos tocando-se uns aos outros)

Suspeita: Apertar os olhos, olhar de lado, sobrancelha levantada, esfrega os olhos, balança a cabeça, bochechas inchadas

Pensamento: dedos pontiagudos, aperta o nariz, fecha os olhos, puxa a orelha, acaricia o queixo, sobrancelha franzida, olho semiaberto, cabeça inclinada, lábios pressionados, queixo apoiado na mão,

mão na bochecha, dedo indicador na bochecha e descanso dos dedos embaixo da boca inclinado para a frente

Triunfante: Primeiro socando ar, mãos cerradas, dentes ou sorriso largo, cabeça inclinada para trás

Estes são apenas alguns exemplos de como as emoções são expressas. Você notará que uma pessoa tem um hábito em particular quando está sentindo uma certa emoção. É melhor observar vários indivíduossubmetidos a diferentes circunstâncias para serem mais precisos. Além disso, será útil se você ouvir como eles falam e o que eles falam - as palavras que eles usam, se emitem suspiros ou sons hesitantes, etc.

Capítulo 10: Usando a Linguagem Corporal como uma vantagem no mundo real

Você pode usar a linguagem corporal para obter sucesso nos negócios e nos assuntos sociais. Em geral, você tem que projetar uma linguagem corporal excelente e usar gestos com sabedoria.

Dicas gerais sobre linguagem corporal

Manter a coluna ereta em pé/sentado: para maior confiança eevitar dores nas costas. Não se curve - isso indica insegurança, tristeza ou exaustão. Puxe os músculos abdominais, empurre os ombros para trás e levante o peito

Cabeça: mantenha a cabeça ereta e olhe para frente. Não abaixe a cabeça - isso é submissa

Postura corporal: relaxada e não rígida

Linguagem corporal nos negócios

- Ajuste sua linguagem corporal para a situação

- Identifique os pensamentos e emoções daqueles com quem você lida

- Isso aumentará sua capacidade de negociar

- Mostrar linguagem corporal confiante - não agressivo, para ser respeitado e apreciado

Proximidade

Seja nos negócios ou na vida social, considere o espaço pessoal ao lidar com os outros. Permaneça dentro da zona apropriada para a situação.

As distâncias dadas medem a diferença entre você e a outra pessoa:

12 pés e acima: zona pública; geralmente sem interações a menos que ouça um alto-falante em um microfone

4 a 12 pés: interações sociais; tocar pode ser feito movendo-se mais perto

4 a 18 polegadas: zona pessoal. Permite tocar. Isso geralmente éfeito para familiares e amigos ou para aqueles em quem você confia.

6 a 18 polegadas: para relacionamentos íntimos. Isto é reservado apenas para aqueles que estão perto de você. Se alguém com quem você não se sente confortável invade esse espaço, você normalmente terá o desejo de defender-se

Lembre-se de que os requisitos de espaço pessoal podem diferir da cultura e atividade. Invasão de espaço pessoal não significa hostilidade o tempo todo. Respeite a distância pessoal, mas não fique muito longe de outra pessoa.

Você pode defender seu espaço pessoal por meio do seguinte:

• Colocar uma barreira entre você e a outra pessoa

• Desviando o olhar ou se afastando

• Adotando uma linguagem corporal fechada

Empatia

Estes ajudam a construir empatia com outras pessoas:

1. Sorria genuinamente

2. Remova barreiras físicas entre você e outras pessoas.

3. Tenha uma posição corporal relaxada.

4. Ouça ativamente e repita o que a outra pessoa disse para mostrar que você está ouvindo.

5. Espelhar as pessoas: copie ações e movimentos de outros para liberar um senso de similaridade. Algumas coisas para imitar sutilmente são:

- Sorria - sorria sempre que sorrir

- Postura - imite sua linguagem corporal (se for negativa e / ou fechada, espelhe primeiro e, em seguida, mude gradualmente para uma postura corporal positiva e aberta)

- Gestos - copie seus gestos

- Fala - adote seu volume de fala, taxa e palavras

Confiança

Confiança aumenta atratividade e credibilidade. A boa notícia é que melhorar a linguagem corporal aumenta a autoestima e o aumento da confiança também melhora a linguagem corporal.

Dicas

- Fala: Fale com confiança e use uma boa qualidade de voz. Combine seune com seus gestos e linguagem corporal

- Postura: Use uma linguagem corporal aberta. Não curve.

- Vestuário: Vista roupas que melhorem sua aparência

- Aparência: Invista na sua aparência, mantenha-se limpo e apresentável.

- Pratique na frente de um espelho. Note como você se parece e como se move. Evite gestos nervosos e realize movimentos eficazes.

- Pratique contemplar. Ele constrói rapport e mostra interesse.

Linguagem Corporal Eficaz

Siga estas diretrizes para que as pessoas naturalmente confiem e respeitem você.

- Mantenha as costas e o pescoço retos

- Adote uma postura ampla. Fique de pé com os pés confortavelmente separados.

- Coloque as mãos nos quadris com os cotovelos abertos.

- Ao apertar as mãos, posicione a mão verticalmente e dê um aperto de mão firme.

- Evite espaços abertos atrás de você. Issoimpedirá o desconforto.

- Caminhe rápido e dê passos largos.

- Quando estiver sentado, posicione as pernas ligeiramente separadas ou com uma perna cruzada. Se você puder se safar, coloque as mãos atrás da cabeça também.

Aumentando o carisma

Há muitas maneiras de aumentar aatratividade: cuidando de sua aparência, sendo bem-sucedido, sendo autoconfiante e expressando sua disponibilidade. Use a linguagem corporal para anunciar sua disponibilidade fazendo o seguinte:

Exibindo linguagem corporal confiante: Como mencionado anteriormente, a confiança é uma necessidade para aumentar a atratividade.

Ter uma postura corporal aberta: Uma linguagem corporal aberta desarma as pessoas enquanto uma postura corporal fechada aumenta a resistência.

Construa o rapport: torne mais fácil para o seu alvo abandonar suas inibições.

Fazendocontato visual: Olhar nos olhos de outra pessoa aumenta sua atratividade. Segure seu olhar por mais de três segundos, mas não o prolongue demais se a pessoa ainda não confiar em você.

Estabeleça rapport primeiro para tornar isso efetivo.

Preparando-se: mostre gestos de arrumação, como ajustar suas roupas, pentear o cabelo, etc.

Aponte o corpo para a direção da outra pessoa: Encare a pessoa diretamente ou, pelo menos, faça com que os seus pés ou joelho apontem na direção dela (não no ombro, essa é uma postura defensiva!).

Balançando um sapato: Se você é mulher, balance seu sapato. Isso sinaliza que você está confortável em estar na presença da pessoa desejada a ponto de remover algumas partes de sua roupa (um sapato pendurado revela seu pé nu).

Exponha seu pulso ou pescoço: estas são partes sensíveis no corpo de uma mulher. Mostre isto para o seu alvo e ele vai receber o sinal de que você está disposta a revelar outras partes sensíveis de si mesmo.

Jogar o cabelo: o cabelo de uma mulher pode ser usado para atrair a atenção dos homens.

Agarrando seu cinto: Quando um homem executa esse gesto, ele direciona a atenção para sua virilha.Isso dá um sinal de que você é sexualmente confiante e disponível.

Tocando-se: tocar em si mesmo é um sinal de que você está disponível para ser tocado.

Acariciando objetos.Este pode ser um gesto sutil que você queira tocar na outra pessoa.

Invadindo o espaço pessoal: a invasão de espaço pessoal é excitante. Se você tem certeza de que a outra pessoa confia em você ou pelo menos não está na defensiva em relação a você,posicione-se muito perto dela.Isso pode ser intensamente sedutor quando feito corretamente e no momento certo.

Alguns truques de linguagem corporal

Para incentivar as pessoas a dar mais informações: Acene com a cabeça devagar

Para incentivar o acordo: acene com a cabeça enquanto fala e / ou toque na pessoa por três segundos

Para fazer as pessoas reagirem positivamente a você: gesticule com as palmas voltadas para cima e não para baixo ou apontando para elas

Para atrair o interesse deles: olhe nos olhos deles, desvie o olhar e retome o contato visual

Para acalmar os outros: exponha suas palmas

Para mostrar sutilmente o seu domínio: coloque as mãos ao lado do corpo ou uma mão sobre outra

Para afastar os valentões: olhe para o ponto entre as sobrancelhas

Para parar um tagarela ou sair rapidamente: torça o ombro na direção da outra pessoa

Pistas de Desonestidade

Lembre-se que estes mostram o engano:

- Quietude
- Mudanças súbitas na linguagem corporal
- A voz não é congruente com a linguagem corporal
- Certos gestos (ver mentindo)

Evite estes para que as pessoas confiem em você.

Voz

Você pode dizer o que uma pessoa está sentindo pela maneira como ela soa.

- Tom ascendente: perguntando, duvidando
- Tom ascendente e descendente: sarcasmo
- Rápido e tem vários passos: entusiasmo
- Lenta e monótona: depressão, desesperança
- Argumento alto e crescente: raiva

Melhore o discurso

Como mencionado anteriormente, a voz é de 38% da comunicação. Trabalhe no seu discurso para aumentar sua capacidade de expressar ideias e persuadir pessoas.

- Passo: Use um tom baixo e uniforme. As pessoas respeitam aqueles com vozes mais profundas

- Velocidade: Fale em uma taxa média para evitar confusão e desatenção

- Volume: Use um volume médio - muito silencioso e você será visto como submisso, muito alto e vai irritar as pessoas

- O tom revela emoções, por isso é melhor lidar com as emoções antes de falar. Varie tom para evitar ouvintes entediados

Considere ingressar em uma aula de falar em público. Além deser treinado para se expressar bem, você também aprenderá como falar com uma voz agradável e como usar a linguagem corporal para se comunicar de forma eficaz.

Capítulo 11: Evitando os Erros da Linguagem Corporal

Existem algumas maneiras pelas quais você pode cometer erros na linguagem corporal:

- Ao interpretar mal os sinais
- Ao não considerar as diferenças culturais e de gênero

Considere as seguintes coisas ao fazer sua análise.

Postura - má postura pode ser confundida como linguagem corporal fechada. Pode realmente ser causado pordeformidades esqueléticas, doenças e frieza.

Movimentos rápidos nem sempre significam impaciência ou engano. Também pode ser causado por:

- Nervosismo

- Ênfase

- Estresse, fadiga, doença

Inquietude é frequentemente citada como um sinal de ansiedade, mas também pode ser devido a:

- Tédio

- Estresse

- Frustração

- Autoconsciência

- DDA / TDAH

- Desequilíbrios nos hormônios, açúcar no sangue, química cerebral

- Medicamentos

Estas são apenas algumas das maneiras pelas quais um sinal pode significar outra coisa. Para eliminar fatores confusos, avalie-os:

- Condições ambientais

- Situação

- Atividade

- Saúde da pessoa

- Gênero da pessoa

- Antecedentes e cultura da pessoa

Diferenças culturais

Pesquise a cultura e descubra os detalhes da linguagem corporal. Por exemplo:

Cabeça: Em certas áreas do mundo, os movimentos da cabeça lado a lado mostram concordância

Contato com os olhos: Algumas culturas não prolongam o contato visual para evitar desrespeito

Gestos de mão: alguns gestos ocidentais são rudes para os outros

Pés: culturas asiáticas e do Oriente Médio não apontam os pés para as pessoas ou mostram as solas dos pés

Diferenças de género

Tome nota das seguintes diferenças de linguagem corporal entre os sexos. Isso ajudará muito na eliminação de mal-entendidos.

Linguagem Corporal Feminina

- As mulheres tendem a usar linguagem corporal fechada

- Endireitam a postura para aumentar a atratividade

- Mais propensas a sorrir

- Mais propensas a tocar
- Mais provável para espelhar

Linguagem corporal masculina

- Postura: postura larga
- Não é provável que espelhe, exceto quando estiver interessado
- Não sorri com tanta frequência quanto as mulheres
- Expressão facial reservada

Lembre-se de que as informações fornecidas acima sãoapenas generalizações.É melhor observar pessoas específicas para que você saiba o que significam seus movimentos e posturas.

A verdade é que a linguagem corporal é uma influência poderosa que determina como você se comunica e interage com outras pessoas. Porisso, é essencial que você o domine.Se você não fizer isso, você perderá 55% da comunicação humana.

Para fortalecer suas habilidades de leitura da linguagem corporal, revise este livro regularmente. Assista as pessoas todos os dias, seja na TV, fotos, vídeos ou na vida real.Tente decifrar seu estado interno pelos movimentos que eles fazem. Se puder, formule uma análise e pergunte se você adivinhou corretamente. Praticando regularmente, você aperfeiçoará seu conhecimento e agilizará seu tempo de avaliação.

Por ser um excelenteleitor de linguagem corporal, você também melhora a maneira como se expressa através da linguagem corporal.Seja consistente em suas práticas e estudos para que suas habilidades se desenvolvam simultânea e rapidamente.

Conclusão

Obrigado novamente por baixar este livro!

Espero que este livro tenha ajudado você a entender como maximizar sua compreensão da linguagem corporal.

O próximo passo é praticar a interpretação e dominar sua linguagem corporal diariamente.

Finalmente, se você gostou deste livro, então eu gostaria de pedir um favor, você seria gentil o suficiente para deixar um comentário para este livro?Seria muito apreciado!

Clique aqui para deixar um comentário para este livro!

Obrigado e boa sorte!

www.ingramcontent.com/pod-product-compliance
Lightning Source LLC
LaVergne TN
LVHW011956070526
838202LV00054B/4934